À toi qui lis ces lignes.

Précédemment, dans Mon Cerveau...

Et si j'écrivais un livre ? C'est tellement joli toutes ces lignes parallèles et tout ce que l'on peut faire avec 26 lettres et une demi-douzaine de signes de ponctuation.

Et l'appeler « Pensée Lambda », pour simultanément signifier que c'est une pensée parmi tant d'autres, symboliser le fait que je l'ai écrit l'année de mes 30 ans.

On va faire simple, pas trop court, pas trop long, pas trop alambiqué et on va à l'essentiel.

Allons-y.

Édition : Books on Demand,
12/14 rond-Point des Champs-Elysées, 75008 Paris
Impression : BoD - Books on Demand, Norderstedt, Allemagne
ISBN : 9782322256716
Dépôt légal : décembre 2020

Au Menu

Les cons sont présents partout, sauf parmi nous. Le con fait comme tout le monde parce que tout le monde le fait donc il faut faire comme tout le monde. Le con se laisse dicter ses goûts. Le con suit les autres cons parce que tous les cons allaient par là alors il ne voudrait pas être le seul con à pas être con. Le con, on le confond avec l'autre con parce que tous ces cons ont une tête de con.

Le con n'est pas fondamentalement méchant, il néglige sa nature humaine par ignorance. Lui a-t-on volée lorsqu'il était trop jeune pour se défendre ? L'a-t-il perdue par accident lors d'une rixe émotionnellement atterrante ?

Le con suit aveuglément les conventions sociales. Le Marketing dicte, les cons exécutent. Les tendances, les modes, les buzzs, toutes ces choses que tous ces cons font pour se fondre dans la masse et passer ostensiblement inaperçus.

Est-il toujours possible de libérer ces cons ? Peut-on encore espérer démuseler ces âmes pour qu'elles se réapproprient leur humanité, redécouvrent leur sens critique et libèrent leur libre-arbitre des filtres du mouvement commun ?

Bonjour

Écrire, c'est comme si je m'adressais à quelqu'un de lointain qui me découvrait. Et là, je vais me mettre à stresser pour sortir une phrase alambiquée que j'effacerai de toute façon. Je sens mon cœur se mettre à faire cette espèce de boule huileuse et je me mets à bégayer dans ma propre tête. Je me sens tellement conne dans ces moments-là. C'est un peu comme s'énerver parce qu'on n'arrive pas à faire quelque chose et du coup y arriver encore moins, car toute notre énergie se loge dans la frustration au lieu de recalibrer son cerveau pour se concentrer. Qui n'a jamais fait ça ?

J'aimerais aborder le sujet du bonheur. Je fais partie de cette génération dont le thème spirituel à la mode est ce fameux bonheur. Il faut le trouver ou le créer ou l'inventer ou se contenter de ce qu'il veut dire si on arrive à le définir.

À ce sujet, je suis particulièrement irritée lorsque je vois des photos sur les réseaux sociaux de gens en mode selfie qui affichent des sourires forcés dans des accolades à pincettes et hurlant « la vraie vie ». Plus tu cries, moins je crois à ce que tu me dis. Je suis encore plus agacée par le matraquage incessant des publicités nous dictant d'afficher dans nos selfies que nous sommes heureux de posséder ceci ou cela et que si tout le monde faisait pareil, tout le monde serait heureux. Du moins, jusqu'à ce que la nouvelle version de ce même truc sorte. C'est du bonheur pyramidal, la plus grande arnaque du siècle.

Je pense que le bonheur est simple, au sens mathématiquement simple. Rien ni personne que celui qui le ressent ne peut en attendre de profit. C'est un orgasme, un instant de bien-être, une harmonie. C'est un besoin, un réel besoin humain comme manger, boire, dormir, avoir un abri, communiquer, agir selon nos croyances et valeurs, apprendre, nous divertir. Le cerveau va se battre pour que nous soyons heureux, et nous faire disjoncter si on le contredit trop longtemps.

Qui es-tu ?

Sans transition, le sujet de l'égo : la façon dont nous percevons notre identité et dont nous aimerions que les autres nous perçoivent. Il y a une différence entre ces deux images, car nous aimons bien photoshopper un peu l'tableau pour rentrer dans des cases ou faire rentrer les autres dans nos cases. On gomme les psycatrices, on arrange un peu notre réalité avec des biais cognitifs et on se raconte des histoires pour justifier de tous ces coups de crayon.

Ce n'est pas « grave », ce n'est que le fruit de la culture patriarcale qui encourage la neutralité émotionnelle au détriment de l'humain. Nous nous sommes domestiqués comme de nobles chihuahuas à se comporter comme des porte-manteaux de marbre. Surtout les hommes ! Hommes pas émotion sinon pas vrai homme. Et femme hystérique si une émotion sinon femme imbaisable quand pas émotion. On peut se calmer un peu ?

Quand nous n'étions encore que des animaux parmi les autres, nous n'étions pas très futés mais nous nous sommes débrouillés pour gagner suffisamment de terrain sur la nature pour ne plus avoir peur d'avoir froid et faim (sauf les pauvres) ou de se faire dévorer par des gros bestiaux (sauf les surfeurs et les braconniers), c'est une forme d'évolution, mais en éloignant la nature, nous avons aseptisé nos êtres au point d'avoir le QI émotionnel d'un cloporte. Et même quand on aime les animaux plus que les humains, ce n'est pas un compliment. Ce système a généré une société brisée émotionnellement.

Je voudrais voir un monde où les gens se débarrassent de leurs psycatrices aussi facilement que d'un rhume, mais nous sommes entraînés par notre culture à cacher nos blessures dans les tréfonds de nos sub-consciences, avec pour seul bouclier notre égo. On perçoit le fantôme de notre Moi Profond au travers d'une fade façade camouflée dans une zone de confort passe-partout attendant que la Vie passe. Je vois des humains qui sont morts, divisés entre eux-mêmes et la libre incarnation de leurs valeurs.

D'accord, la Vie est rude et complexe, mais nous ne devons pas nous rendre complices de notre propre malheur : que l'on croit ou non à une autre vie après la mort, se retenir de vivre pleinement celle-ci en attendant la prochaine relève du caprice. Tuer le temps en macérant avec complaisance dans nos psycatrices revient à attendre patiemment la fin de notre compteur assis sur une chaise inconfortable dans une pièce vide et close. Nous ne sommes pas responsables de nos blessures, nous sommes blessés, mais c'est à nous d'adopter une méthode de détachement offensif de nos prisons mentales en apprenant à raisonner différemment pour nous défaire des nœuds du passé, démanteler les carcans au point d'en changer de regard sur le monde.

Les émotions ne sont que des concepts posés sur des ressentis physiologiques. La base de l'émotion c'est ce qu'on appelle l'intéroception : la capacité à évaluer de manière plus ou moins exacte son activité physiologique. Reste immobile, est-ce que tu sens ton cœur battre ?

Pour développer son intelligence émotionnelle, nous devons écouter notre corps. Notre cerveau a stocké des collections de ressentis enregistrés sous forme de concepts : c'est ce que nous appelons les émotions. J'aime savoir ce qui se trame dans mon cerveau : lorsque je capte un fonctionnement, je peux l'optimiser. Il ne faut pas oublier que nous avons appris à être humain alors que nous n'étions conscients de que dal, nous avons commencé à échafauder des mécanismes de réflexion et de réaction dès que nous sommes nés. Imaginons que ces mécanismes soient notre maison... Je n'aurais pas confiance en mes constructions en Légo pour habiter aujourd'hui.

Doppelgänger

À nouveau, je patauge dans l'huile, mon diaphragme est bloqué, je veux que mes mots sonnent dignement. Mais du coup je bloque, car mon égo essaie de calibrer mon attitude d'écrivain. Si mon attitude d'écrivain et mon égo étaient des collègues bossant pour mon cerveau, Mr Attitude d'Écrivain dirait à Mr Égo : « Mais ferme ta gueule, je bosse là ». C'est ce qui se passe souvent entre nos égos et ce que nous souhaitons faire. Nous voulons construire une image qui corresponde à un ensemble de valeurs, ces valeurs nous donnent accès ensuite à une approbation sociale et donc une place dans le groupe dans lequel on souhaite être intégré. Dans l'absolu, « y'a pas d'mal » à vouloir bien présenter pour se faire des amis, mais ce procédé a dérivé vers un système de conformité sociale dans lequel se noie l'humain. Si notre égo est une vitre, nous y ajoutons tellement de couches qu'elle en devient opaque.

La couche de l'image familiale, amicale, nos amis proches, nos clients, nos collègues, nos commerçants, nos banquiers & assureurs, les profs, les élèves, les followers, les amis Facebook, les amis des amis, les passants, les anciens amis, les étrangers, la police, les médecins, les thérapeutes, les voisins, les autres gens qui aiment les mêmes choses que nous, les autres gens que l'on croise, tous, tous les autres gens. Ce n'est plus une image que nous gérons, c'est une interface utilisateur avec des centaines de mots de passe et de designs personnalisés tous destinés à faire croire qu'on rentre dans un moule totalement fictif.

Nous nous épuisons à contraindre notre personnalité à rentrer dans ce moule de conformité sociale. Nous cédons trop facilement aux injonctions de la société et son sacro-saint Marketing à dépenser les fruits de notre travail pour porter telle fringue, telle montre, tel parfum, conduire telle catégorie de voiture ou manger des aliments qui n'en sont pas. Cette uniformité nous tue. Au risque de sonner cliché, bateau et moraliste : nous sommes tous uniques.

« Unique » ne signifie pas que nous sommes chacun potentiellement le dernier hipster original et que nous allons inventer la nouvelle roue ou le nouvel iPhone ; « unique » signifie encore moins qu'il y ait à créer un business ou une ligne marketing sur le fait que nous soyons tous uniques donc nous devrions tous avoir envie de cette dernière marque de jeans ou cette voiture qui roule sous la pluie dans la nuit mais aussi quand il fait beau le jour. Il ne faut pas non plus confondre unique et exceptionnel. Si nous sommes tous une exception, la seule personne à réellement l'être sera celui qui ne l'est pas.

Il y a plus de nuances d'humains qu'il n'y a d'humains, nous sommes complexes et à découvrir, aucune mode ni aucun mode n'est universel. Le moule n'existe pas et n'a jamais existé, nous avons plus de probabilité de tomber sur le monde de Narnia que sur notre propre *doppelgänger*, saisissons-nous de notre nuance singulière, une bonne fois.

Saint te tait

Je blâme aussi les religions pour notre pauvreté spirituelle. L'hypocrisie des conquêtes, des croisades, de la colonisation, la monstrueuse pédophilie chez les uns, le sexisme ahurissant des autres, et encore ce ne sont que les péchés d'actualité. Toutes les religions ont été violentes envers une autre à un moment. Comme si la religion était le pendant périmé de la spiritualité : il y en a un avec un égo plus gros que les autres qui influence tout le monde à penser la même spiritualité que lui, puis, forme un groupe de gens convaincants influençant les autres jusqu'à ce que l'un d'entre eux aille plus loin dans la méthode d'influence et confonde spiritualité avec domination intellectuelle au prix du sang des contrevenants.

Finalement, quelle est la différence entre les religions et les gouvernements ? Juste la manière de dominer « son » peuple : les religions demandent une conduite et une fidélité par le rite tandis que le gouvernement demande un code de conduite et une fidélité par l'impôt. Évidemment, l'intention est plus noble que les actions qui en découlent : l'un cherche à nous élever humainement et l'autre à ce que tout le monde bénéficie d'une égalité des chances, de protection et de justice.

Mais l'intention compte-t-elle ? On juge l'autre sur ses actions alors que nous nous jugeons nous-mêmes sur nos intentions, car nous y avons accès. Les religions n'existent pas au sens où elles sont des entités abstraites composées de milliers d'humains suivant des préceptes eux-mêmes écrits par d'autres humains. Toutes ces nuances d'interprétations ont donc donné un amas d'actions dont les intentions au nom d'un truc abstrait passaient par le prisme d'êtres nuancés. Donc ça sert à rien.

Si les religions offraient aux humains la possibilité de s'élever dans leur spiritualité, elle ne chercherait pas à les contraindre, mais à les inspirer, sans souci du nombre de fidèles followers. À moins que les dieux se tirent la bourre sur l'Instagram des cieux ?

Corona Virage

Au jour où j'écris ces lignes, une bonne partie de la planète est confinée pour lutter contre la propagation du SRAS-CoV-2, un coronavirus tout nouveau tout beau apparu pour la première fois à Wuhan en Chine.

Il semblerait que ce virus vienne d'une chauve-souris ou d'un pangolin transmis à un homme qui aurait acheté pour manger ce dernier sur un marché. Évidemment, les théories complotistes vont bon train, qu'elles soient politiques ou surnaturelles... Mais à qui profite le crime ? À la planète pour commencer : moins de déplacement, moins de pollution ; ensuite aux introvertis : ordre de rester chez soi et de ne pas voir les gens ; aux services de livraison à domicile, surtout Amazon ; aux supermarchés, aux fabricants de papier toilette et à Netflix.

Sans surprise, le premier réflexe de confinement est le rejet. Il y a ceux qui paniquent et achètent beaucoup de papier toilette parce qu'on leur dit que tout le monde en achète. Il y a ceux qui crient après les autres parce qu'ils achètent plein de papier toilette. Il y a le « je m'en fous » couplé à « connard d'irresponsable ». Il y a les solidaires qui se la pètent et prennent de haut ceux qui n'ont pas eu la force d'être publiquement solidaires, les silencieux, en somme il y a majoritairement des gens apeurés.

La peur est une bonne chose, elle soumet un scénario de danger à notre esprit pour que nous soyons en mode alerte. Elle propose une vision des possibles afin que nous réfléchissions. C'est la plus utile des émotions pour notre survie. Malheureusement, notre époque est si peu en phase avec ses émotions que la plupart des gens confondent ces visions avec la réalité. Comme si l'écran dans leur tête s'affichait vraiment devant eux. Alors que ce n'est qu'un film, certes inspiré de causes réelles, mais un film, donc fictif. Réagir à la peur malgré les indicateurs absolus que « ça va », provoque la plupart du temps d'autres problèmes inutiles voire pires que ceux des visions initiales. La peur génère des visions grâce à l'outil de simulation de réalité le plus poussé disponible sur cette planète : l'imagination. Et cet outil est monté en série sur chacun de nous. Mais c'est pas l'tout d'avoir un gros outil, il faut savoir s'en servir.

Le silence revient dans les villes, des tortues en voie d'extinction pondent sur les plages, des dauphins dans les ports, l'eau de Venise est claire, des canards et des sangliers se baladent en ville. Tout cet éco-système enfin libre sera-t-il préservé lorsque le déconfinement sera annoncé ? Le peuple de Terre aura-t-il été défait de sa folie ? L'agitation incessante nous a rendu malades et il a fallu qu'un virus nous rende encore plus malade pour nous en rendre compte. Mais comme dit l'adage, il ne faut jamais prendre de grandes décisions en vacances, est-ce valable pour le confinement ? J'ai peur de cette folie, même sur moi, je ne veux plus la voir.

Le capitalisme partait d'une bonne intention lui aussi, mais disons-le : c'est parti en couilles. Trop d'enfants capricieux aux manettes de trop grosses machines. Laisser périr des familles entières orangs outans sans palmier fixe pour le petit-dej trop sucré de petits occidentaux inconscients, brûler des forêts millénaires pour je ne sais même pas quoi, multiplier les couloirs aériens au prix de l'air lui-même, faire monter le prix du train plus cher que l'avion alors que c'est le transport le plus sain… Ça va pas non ? Tout le monde dans sa chambre pour réfléchir un peu, c'est n'importe quoi.

Mais l'orgueil saura-t-il se mettre de côté pour revenir sagement à un monde sain pour tous ? Au pire la planète nous re-foutra sur la gueule et si on est trop cons pour comprendre, qui nous dit qu'elle n'attirera pas volontairement une petite météorite pour faire un bon gros RESET ?

Peut-être est-il temps aussi de limiter la procréation, nous sommes beaucoup, beaucoup trop, beaucoup trop nombreux. On a compris, faire un enfant rend heureux, c'est probablement une histoire d'hormones de satisfaction et d'appartenance combinées. Mais pourquoi continuer à construire encore et encore des immeubles et des maisons et d'autres immeubles ? Prenons le temps de vivre, de laisser mourir, puis de faire renaître sans entasser et sur-peupler. La prolifération de l'humain déshumanise comme s'il y avait un quota d'humanité à partager et que, passé un certain nombre, les derniers n'étaient plus alimentés en énergie humaine.

Et si, symboliquement, ce virus avait attaqué les poumons pour signifier que tout est étouffant : nous attaquons les poumons de la planète, nous polluons l'air, et même si l'air était sain nous sommes trop nombreux pour tous respirer convenablement en même temps, et même si nous n'étions pas tant, nous vivons trop vite pour prendre le temps de respirer convenablement. Nous avons vicié le peu d'air sain restant que nous ne prenons pas le temps de respirer de toute façon.

Stop.

Autant, Jadis...

Il y a 25 000 ans, les humains du Paléolithique dépendaient de la chasse pour leur survie. La nature était toute-puissante. Nous croyions alors en un panthéon des dieux du vent, du tonnerre, des cours d'eau ; nous célébrions des rituels d'accompagnement où, pour représenter l'accouplement des animaux, les membres de la tribu copulaient... Plutôt une bonne ambiance. Le dieu de la chasse était représenté avec des cornes à l'image de la plupart des animaux que nous chassions et la déesse Pourvoyeuse et Consolatrice, Mère Nature ou Terre-Mère était à l'image de la femme, celle qui portait et nourrissait les enfants.

C'était simple, pas forcément mieux, mais plus simple. Nous priions pour ce dont nous avions besoin, nous mangions de tout et dans le respect de notre position au sein de la chaîne de puissance de chasse et de l'intelligence de culture. Tout avait une conscience, il n'y avait pas de niveau entre cailloux, chou et hibou, on chauffait un chou et un hibou sur un caillou et on mangeait tout (pas le caillou) en conscience.

Le film Avatar est la version la plus claire de ce à quoi notre philosophie paléolithique ressemblait, il raconte un peuple qui s'adresse à sa planète et se place dans une harmonie consciente avec ce qu'il mange, ce qu'il cultive avec le magnétisme de tout cet environnement. Lorsque l'on se reconnecte à ce magnétisme, les besoins artificiels s'évaporent, on redevient humain sans notion de « bien ou mal » mais dans un équilibre entre « libre ou asservi ». Quand sommes-nous vraiment libres, ne serait-ce que dans nos pensées ?

Qu'est-ce qui asservit notre pensée ? C'est une grande question contre laquelle notre égo, voire notre orgueil, va lutter vigoureusement : on s'est fait chier à construire une image, à contraindre des instincts, à mettre en place des stratégies mentales pour palier à nos peurs, un système complexe est installé et i'faut aller buriner dedans ? Fait chier. La flemme. Vas-y. Et là, tu peux bouder autant que tu veux, de toute façon, si tu ne veux pas évoluer, c'est ton problème. Personnellement, je n'ai pas eu envie d'en rester là parce que je sentais qu'il y avait à gagner la liberté : plus agréable, satisfaisante, kiffante, que mon monde dans son conditionnement « par défaut ».

Dans la liste des choses qui réduisaient mes pensées en esclavage : les divers traumatismes que l'Église Chrétienne a laissés dans ma caboche à neurones… J'ai découvert au détour de lectures un livre nommé *Malleus Maleficarum* (Le Marteau des Sorcières) détaillant comment découvrir et interroger les sorciers & sorcières. Écrit par H.I. Kramer et J. Sprenger, deux moines allemands. Cette horreur est devenue le principal ouvrage de référence des persécuteurs au temps des bûchers. On estime à environ neuf millions le nombre de personnes brûlées, pendues ou torturées à mort suite à une accusation de sorcellerie. Ces mots de 1486 sont à l'origine de biens des maux d'aujourd'hui.

Je ne sais pas par quel bout prendre l'explication du rapport entre un pamphlet vieux de presque 600 ans écrit par deux dégénérés allemands (des pré-incarnations d'Hitler ?), moi et vous. Il n'y a pas qu'une explication d'ailleurs c'est tout un tas de « et là, tu vois ? ».

Ils ont causé un génocide dont les victimes n'avaient pour critère que d'êtres proches de la Nature et de leur nature d'humain. Un des rituels pour la fertilité des champs consistait à enfourcher des bouts de bois et sauter le plus haut possible pour symboliser la hauteur jusqu'à laquelle le maïs ou le blé, par exemple, devait pousser pour nourrir ceux qui en dépendaient. Ce rituel s'accomplissait nu et les moines chrétiens, qui devaient adorer épier ces rites, en rapportaient tous les détails. C'est comme cela qu'est né le mythe racontant que les sorcières volent sur des balais, c'est aussi comme ça qu'est née l'idée chrétienne selon laquelle les plaisirs de la chair étaient des trucs de mauvais païens punissables d'une place dans un endroit créé pour l'occasion : l'Enfer. Tu vois où je veux en venir là ? L'âme des gens proches de la Nature sera cuite à la broche *post-mortem*, et celles qui seraient soupçonnées de la représenter, la broche sera *mortis causa*.

La folie meurtrière préméditée et à grande échelle s'est alors emparée du monde. C'est le début d'une supercherie que même les féministes perpétuent sans le savoir en racontant que nous sommes dans une société patriarcale comme si une société matriarcale valait mieux. Le problème de « qui tient les rennes entre *teub* et *teuch* » est une question à côté de la plaque servant d'écran pour ceux qui règnent réellement sur notre monde par la terreur. Le problème, c'est la dualité, le bien et le mal sont des notions complexes créées par l'humain pour manipuler les fidèles dans la détestation des autres cultes célébrant, eux, la nature humaine dans toutes ses nuances. Les notions de bien et mal n'existent pas dans la nature.

Attention, les notions de souffrance et de plaisir ne disparaissent pas, la paix et la guerre ne deviennent pas soudainement normales et les notions mêmes de bien et mal ne sont pas à jeter à la poubelle : ce sont leur définition et leur place dans le spectre allant d'absolu à relatif qui sont à revoir totalement.

On ne dit pas « c'est pas bon », on dit « je n'aime pas ». Tout comme on ne devrait pas dire « ce n'est pas bien » mais « ça me déplaît ». Les adages « ma liberté s'arrête là où commence celle des autres » et « si nul n'est lésé, fais ce que tu veux » représentent le mieux mon propos : nous ignorons tout de notre place dans la chaîne des causes à effets. Sérieusement, on ignore.

On en revient à cette histoire d'intention, comme si le duo cause et conséquence était en réalité un quatuor : intention, action, conséquence directe, conséquences indirectes. Du coup on fait quoi ? Comment sait-on que personne n'est lésé quand nous faisons ce que nous voulons puisqu'on ne peut pas deviner la suite des conséquences en découlant ?

La réponse est dans la question : nous n'avons connaissance que de nos intentions et du déroulé de nos actions, la seule dualité qui reste est celle du savoir et de l'ignorance. C'est le savoir qui rend libre. C'est l'ignorance qui asservit. L'illusion du savoir est une forme d'ignorance dangereuse et malheureusement trop répandue.

0 1 0 1 0 1 0 1   0 1 1 0 1 1 1 0
0 1 1 0 1 0 0 1   0 1 1 1 0 1 1 0
0 1 1 0 0 1 0 1   0 1 1 1 0 0 1 0
0 1 1 1 0 0 1 1

L'ensemble de l'Univers connu est réduit à ce codage d'informations, tout n'est qu'énergie, tout n'est que 1 ou 0. Pour moi, ce que nous appelons Dieu n'est pas un être à 0 défaut tout bienveillant, barbu en toge sur un nuage blanc qui va accorder à quiconque d'un peu chaste des vœux de gamin capricieux. Pour moi, l'Univers est le Tout-Puissant, le neutre, l'équilibre, le spectre des nuances des tous. Donc le bien et le mal, on s'en bat les couilles, trop bas de plafond.

J'ai l'impression que nous traversons une époque de Réveil, où les humains se rendent compte qu'ils se sont fait endormir depuis une paire de milliers d'années par des dominants nous ayant volé tout ce que nous savions sur notre monde. « Les » humains, c'est peut-être un bien grand mot, mais le nombre grandi chaque jour, peut-être, pourra-t-on dire cela très bientôt ? L'espoir fait vivre.

Je ne prétends pas résoudre la question de qui sont Dieu, Allah, Bouddha, Diana, Shiva et toute la clique, en revanche, on ne m'enlèvera jamais ma vision de l'Univers. Ça n'a rien de perché hippie *new-age*, ce n'est pas non plus ce que je « crois » mais ce que je sais. Il n'y a rien de plus efficace qu'une prière à l'Univers tant qu'elle est émise dans les règles de l'Art. Mais j'hésite ce jour à partager mon « mode d'emploi » au risque que l'on m'accuse de créer une autre religion tout en crachant sur les autres.

J'aimerais que chacun ait la force d'esprit de trouver en lui le lien qui le lie à ce qui lit les liens. Si l'Univers nous contient, nous contenons l'Univers, tout est déjà à portée de pensée, tout est déjà là. Et tout ce qui n'est pas censé y être doit dégager.

C'est toujours la même histoire : l'harmonie, le bonheur, la kiffance, ne s'obtiennent que par l'intégrité de la conscience et pour cela, nous devons nous débarrasser des données pourries, sans oublier de vider la corbeille pour faire de la place sur le disque dur.

Que ce soit nos psycatrices et toutes les stratégies mentales mises en place pour les contourner, que ce soient les conditionnements, les stéréotypes que nous colportons par réflexes, les commérages culturels ou les histoires dont on ignore l'origine jusqu'aux *fake news*… Toutes ces croyances doivent être triées, analysées et nettoyées de leur *bullshit* pour que l'on puisse respirer.

€ A $ H

En parlant de *bullshit*, la valeur de l'argent est floue. Sans transition, je passe de ce que je pense du Tout Puissant à la toute-puissante monnaie. Il y a toujours eu de l'argent, quelqu'en fut la représentation physique ou virtuelle. Le flux qui permet d'échanger des services et des choses entre nous a pris bien des formes : sel (d'où le mot salaire), pierres, pièces métalliques, or, RTT, bitcoins. Il semble que ça ait toujours existé et que les switchs d'une monnaie à l'autre soient fréquents.

En revanche, ce que je ne saisis pas, c'est la volonté d'en engranger plus que possiblement utilisable. Je comprends bien le concept du « on sait jamais » et de l'épargne se muant en héritage, mais le stockage massif d'une énergie destinée à l'échange me semble être une autre des contradictions absurdes de ce monde et une des raisons pour lesquelles une bonne crise décapante est, sans surprise, en cours. C'est comme si les humains étaient destinés à communiquer entre eux, échanger de l'information à tous les niveaux mais certains faisaient de la rétention, causant à l'ensemble de l'organisme humain un ralentissement, voire des bouchons. Comme des caillots dans notre système sanguin menant immanquablement à l'infarctus.

Évidemment, ça ne signifie en aucun cas que tout l'argent est sale ou qu'épargner, « c'est mal », j'accuse simplement les 1 % de caillots humains détenant à eux seuls un pourcentage innommable de toutes les richesses du monde d'être une des plaies de ce monde. Ils ne sont qu'une trentaine. Une classe de CM2 tellement turbulente que toute l'école doit fermer.

Et s'il existait un plafond de richesses monétaires « accumulables » comme il existe un minimum vital ? Un truc bien haut histoire de faire rêver les pauvres quand même, mais là où la logique s'arrête, la folie ne pourrait plus commencer. On dirait 9 999 999 999 de la monnaie du pays de la personne concernée pour ne pas atteindre les 10 milliards. Au-delà, vous êtes un caillot potentiel et devez diluer votre fortune, voire la dissoudre. Évidemment, ce n'est qu'une utopie. Il est même contradictoire de critiquer le contrôle permanent du gouvernement pour ensuite en demander plus... Mais si ce dernier avait à y gagner d'une façon ou d'une autre, la loi serait promulguée dès demain, première heure.

Le sujet de l'argent est lourd et plein de ramifications, même les prix Nobel n'y trouvent pas de solution applicable là-maintenant-tout-de-suite et c'est pénible. Et pourquoi serait-ce si important ? Pourquoi se prend-on autant la tête à essayer de maintenir la circulation sanguine de l'humanité ? Parce que même si l'argent ne fait pas le bonheur, il y contribue lourdement. Cliché de qualité, mais impossible de ne pas le citer.

MaJk 6tem

La boucle serait-elle bouclée ? Les ingrédients de ce fameux bonheur seraient d'être en phase et nuancé émotionnellement pour maintenir un égo en bonne santé et le guérir facilement de blessures éventuelles. Pour cela, il faudrait soigneusement éviter de s'encombrer de données parasites que l'histoire et notre environnement colportent, puis adapter nos choix de vie à nos besoins propres. C'est pas si compliqué que ça... À moins qu'un seul de ces ingrédients vienne, disons-le, foutre la merde. Cet équilibre est aussi délicat que la grande barrière de corail australienne : c'est solide jusqu'à ce qu'on le pollue par la folie meurtrière qui anime le caractère de notre civilisation.

Aussi, nous parlons trop. J'en suis moi-même à plus de 4 500 mots depuis le début de ce livre, je ne sais même pas où il doit s'arrêter, mais je n'ai pas fini de parler. Pourquoi parlons-nous autant ? Pourquoi tant de mots pour si peu d'informations ? Du moins des informations stériles, qui ne font pas avancer le débat du « comment, concrètement, atteindre et maintenir un équilibre sain pour chacun et pour tous ». Je me demande si ce flot de paroles n'est pas tout simplement dû au rythme effréné de la vie : personne ne prend le temps d'écouter donc, à l'ère du *fast food*, on ne consomme plus non plus que du *fast data*, facile à digérer, rapidement chié, aussitôt oublié.

C'est là où le confinement aura été à nouveau une aubaine : nous sommes obligés de nous mettre face à notre fourneau-cerveau et de cuisiner nos propres pensées, pas facile avec les réseaux sociaux grouillants dans la paume de nos mains, cette usine à data que nous consultons tous les jours et qui tente de maintenir la qualité de nos pensées au plus bas. Ces réseaux ne sont pas nocifs en eux-mêmes, c'est l'utilisation que nous en faisons sans nous apercevoir qu'ils agissent comme du sucre sur notre envie.

Encore. Encore. ENCORE.

Est-ce que les concepteurs ont consciemment créé des systèmes addictifs, ou ne sont-ils que des savants fous inventant des solutions technologiques compatibles avec leur propre besoin de palier à la dérégulation de leur système nerveux et du nôtre ? Après tout, Facebook a été inventé par un *nerd* qui voulait juste se faire des amis par Internet, sa « force » a été de suivre l'évolution de cette chose jusqu'à ce qu'il se minéralise en caillot humain. Steve Jobs est même mort de cette fossilisation.

Einstein, ce génie, a ouvert la voie à la bombe atomique avec ses travaux sur le nucléaire. Combien d' « Eurêka » se sont transformés en millions de morts ?

Tous ces Bill Gates, Elon Musk et autres Jack Dorsey ne sont-ils pas d'autres Einstein ouvrant la voie à diverses technologies, certes, moins radicales que la bombe H, mais dont la responsabilité incombe toujours aux utilisateurs et non aux inventeurs ? En gros, eux, ils se disent « ouah trop cooooool ça marche » et après, si ça part en couille, pourquoi serait-ce de leur faute ? Ne sont-ils pas tout aussi impuissants que nous, addicts à leurs inventions, et eux addicts au fric que leurs joujoux rapportent ?

Si de deux intentions distinctes découle une même action, comment départage-t-on ceux qui agissent en conscience de ceux qui sont prisonniers du système ?

Et Pourquoi ?

Cette avalanche de questionnements sur la responsabilité des uns et des autres dans la consommation consciente ou inconsciente de produits digitaux, spirituels ou alimentaires nocifs à hautes doses amène à se pencher sur le sujet des biais cognitifs : les réflexes de pensée qui influencent notre jugement.

En fait, ce après quoi je râle depuis le début a un nom scientifique, les biais cognitifs sont un rideau à travers lequel nous regardons la réalité, et selon les gens, il est plus ou moins opaque. C'est la raison même pour laquelle j'écris ce livre : je veux traverser le rideau, je voudrais le pouvoir ultime de voir la réalité telle qu'elle est, de face. Ça risquerait d'être violent car je verrais alors toutes les fois où j'ai eu tort, je prendrais conscience de l'étendu de tout ce que j'ignore, et pire, de toutes les fois où j'aurais dû m'écouter au lieu de me fier à la réalité sous cloche de coton des personnes maintenant leur influence inconsciente ou intentionnelle sur moi.

Je pense que, lorsque l'on meurt, la fameuse lumière au bout du tunnel est tout simplement l'Information Ultime, la donnée capitale que notre enveloppe humaine ne peut contenir. Du coup, je me dis qu'au mieux, je pourrai désépaissir le rideau, mais l'IU et la mort ne font peut-être qu'un. Et si cette intuition se vérifie un jour, lequel des deux entraîne l'autre ? Qui est l'œuf ? Qui est la poule ?

Le bonheur, la quête de l'Information Ultime, l'intelligence émotionnelle, l'économie, la religion, les libertés individuelles, le bien, le mal et le bon sens sont tous compromis et promis aux cons. On en sait rien en fait, on imagine, on tâtonne, on philosophe, voire, on théorise. Tout évolue en permanence comme si les informations mêmes étaient de petits organismes vivants, complexes, et éternellement variables.

Si les informations étaient des choses, elles seraient même des sphères, car chacun les aborde de son angle de vue, pensant voir la sphère entière. En jouant sur les mots, oui, quand on observe une sphère, on la voit entière… Tout en n'en percevant qu'une fraction de la surface.

Tic Toc

On oublie toujours un élément ayant réponse à tout, cette chose sur laquelle personne ne peut mettre la main, derrière tout le monde court, nous en dépensons sans compter, nous pouvons simultanément en avoir trop et pas assez, il est totalement relatif et pourtant universel, il décide de tout, c'est l'essence même de chaque information, le paramètre décisif : oui ou non, ça dépend, oui, mais de quoi ?

Du temps.

Le temps régi nos vies sans nous dire quoi faire bien qu'il apporte des réponses à des questions que nous n'avions même pas posées. Il peut tout donner et tout prendre, il peut agir simultanément, linéairement et inversement, le tout en même temps. Nous le voyons s'étirer et se raccourcir sans pouvoir nous accrocher à un rythme ou l'autre.

Ce qui me fascine le plus avec le temps, ce sont les déjà-vus. J'en ai de puissants et surtout, je me souviens de quand j'ai déjà vu ce que j'ai déjà vu. J'ai, plus souvent qu'il ne faudrait en parler publiquement, des flashs, parfois éveillée, parfois en rêve, dont je ne comprends pas le sens sur l'instant et que je mets de côté dans ma mémoire. Puis, entre quelques semaines et quelques années plus tard, je ressens le déjà-vu. Voir en vrai quelque chose de déjà-vu me fait l'effet de placer une pièce dans un puzzle. J'ignorais tout du contexte, mais je possédais une photo de ce moment.

Je me fiche de savoir si vous me croyez ou pas, ça ne changera rien à ma réalité. De plus, 70 % des gens en vivent aussi. J'ai donc formulé ma propre théorie : le temps n'étant linéaire que pour nos montres, il est possible que nous enregistrions des événements en rapport avec d'autres et que nous voyons ou ressentons simultanément plusieurs strates de notre vie à certains carrefours temporels.

Selon l'équipe de chercheurs de l'Université de Mon Cerveau, les carrefours temporels seraient l'explication la plus plausible pour les phénomènes dit paranormaux comme les fantômes, les prédictions ou déjà-vus, les guérisons spontanées, et bien d'autres.

Ces carrefours serviraient de points fixes dans le temps. C'est-à-dire que d'un carrefour à l'autre, peu importe le chemin, vous allez tomber dessus. Sans pour autant qu'il s'agisse de votre « destin », simplement d'un endroit dans l'espace et le temps où l'Univers nous place. Par exemple, si l'Univers nous place à table avec un verre de vin rouge et que l'on voit un moineau passer par la fenêtre précisément lorsque le Soleil se trouve en face du 3ème carreau de cette fenêtre, tous les autres éléments de notre vie restent interchangeables, en revanche c'est là que l'on sera, ou que l'on est, à ce moment là. Ça ne change rien à notre vie puisqu'on ne peut s'en rendre compte qu'une fois le déjà-vu revu.

Je pensais que ça ne me servait à rien jusqu'à ce que j'essaie de l'utiliser. L'avantage d'avoir un comité de scientifiques dans sa propre tête, c'est que l'on peut faire ses propres expériences. Si un déjà-vu vient d'un carrefour, et que la vision apparaît forcément avant, en temps linéaire, cela signifie que l'on voit le futur. Et le futur moi, a déjà vécu le présent moi. Donc si je demande à futur moi de m'envoyer une vision, alors, la théorie serait juste… Eurêka !

Le Vif du J'ai Su

Il y a dans toutes ces élucubrations une force latente, une menace, une obscurité nous guettant à chacun de nos choix, une condition de l'être supérieure, le terme du temps lui-même. Elle nous appartient, mais nous ne la saisissons pas et nous prenons de plein fouet celle des autres. C'est la mort. La mort est un mystère que la raison ignore encore. Nous la portons toute notre vie, et ses 21 grammes s'envolent lorsqu'elle quitte notre corps. Je ne pense pas que la vie soit détruite lorsque survient la mort, je pense qu'elle prend une autre forme, son énergie se déplace ailleurs : réincarnation, fantôme, *part of the vacuum*, etc., il y a plein d'options « d'évolution de carrière » pour notre âme.

Le sceau de la mort est source de grande frayeur car l'humain déteste être dans l'ignorance et préfère s'inventer des contes et légendes pour compenser le vide que la plus cruciale des informations laisse en nous. Où va-t-on quand nous n'allons plus nulle part ? Si les humains n'étaient pas si attachés à la suprématie auto-proclamée de notre espèce (sérieux…), nous accepterions plus facilement cette idée de mutation de l'énergie en « autre chose ».

Aussi, ce n'est pas parce que nous vivons le temps de manière linéaire que nous vivons de manière linéaire. Qu'est-ce qui nous prouve que nos réincarnations ont lieu dans le même ordre que l'Histoire ? Tu m'diras, rien ne prouve non plus le phénomène de la réincarnation ou celui des fantômes, cependant, comment expliquer la récurrence d'une idée trouvant ses origines dans diverses cultures totalement étrangères les unes des autres ?

Le but n'est pas de vous y faire croire là-maintenant, j'exprime ici encore un exemple de liberté de penser au-delà des « grands principes » *spiritu santi* à la mords-moi-le-nœud que l'on nous a imposé, nous privant au passage de la simple capacité à regarder les choses en face, sans filtre d'orgueil.

Non, se parler à soi-même au travers des couloirs du temps n'est pas un super pouvoir, c'est un truc d'humains, nous sommes de l'énergie donc ça se tient, et la physique quantique appuie ce fait. Oui, les fantômes existent, on ne sait juste pas comment ils le deviennent. Oui la réincarnation est un phénomène logique, même si on en saisit pas tout à fait le processus à l'heure de maintenant. Oui, notre âme a un poids, on ne sait juste pas ce qu'elle devient quand elle n'anime plus notre corps physique humain.

Ma politique pour croire en quelque chose est d'écouter les faits et de m'arrêter là où il y a interprétation, car l'interprétation, comme le mensonge, appose un filtre à la réalité. Le plus dur est de détecter la limite entre « il a vu » et « il pense », le moment ou le fait se transforme en histoire, le stade où l'absolu devient relatif.

Évidemment, toutes les interprétations ne sont pas à jeter au bûcher, cependant, j'exècre l'idée de me limiter à une vision. Par exemple, les fantômes, ce n'est pas qu'ils existent ou non, c'est qu'il y a des entités énergétiques qui se baladent dans des des forêts, des châteaux, des maisons dites hantées et on a attribué ça a des humains décédés parce qu'on ne connait que ça.

La classification scientifique référence sept règnes : les archées, les bactéries, les protozoaires, les chromistes, les mycètes, les végétaux et les animaux. Et s'il s'agissait d'un autre royaume, le *spectral* ?

Vertinowherelse

Nous avons encore tellement à découvrir que j'en ai le vertige, comme quand je pense à la curieuse idée qu'il est totalement impossible de voir le monde à travers les yeux de quelqu'un d'autre que soi-même. Ça me fait monstrueusement flipper de savoir que je n'aurai qu'un seul et unique point de vue sur le monde, il ne m'apparaîtra jamais autrement que tel que je le perçois. Mon bleu est peut-être ton rouge, l'odeur du pain pour moi est peut-être l'odeur de l'océan pour toi, nous ne saurons jamais. Même si je me retrouvais dans ta peau, il me faudrait avoir accès simultanément à nos deux consciences pour comparer.

Ça fait une cinquantaine de pages que je m'obstine à déconstruire absolument toute la réalité qui nous entoure de manière quasi-obsessionnelle comme si je cherchais à lire le code originel de la matrice, comme si tout avait un sens. Pourtant, il est tout aussi possible que rien n'ait de sens, que l'ensemble de l'Univers lui-même soit construit sur le tas, que le chaos soit la seule règle.

De l'élan premier, tout découle, l'onde de choc du Big Bang pousse chaque particule dans une direction et nous nous accrochons à ce que nous pouvons. Notre conscience de vivre n'est peut-être que l'écume d'une vague énergétique qui ne sert à rien d'autre que finir le mouvement de l'onde première. Même le temps ne serait alors qu'un océan d'emplacements dans lequel nous flottons par-ci, par là, sans même connaître nos coordonnées précises, sans que nous ayons conscience du vrai début et de la vraie fin. C'est vertigineux, mais cette théorie a le mérite d'être simple. Il n'y a pas d'intention derrière le chaos, il y a tout, il n'y a rien, rien est tout et tout est rien. Il n'y a pas de ficelle tirée, simplement des effets papillon, des ondes qui s'entrechoquent, et parfois nous le subissons, parfois nous en profitons. Simple. Cette idée est dure à accepter parce que, si, en réalité, rien n'est cadré, l'humain primitif se lâche et fait n'importe quoi. Mais même dans le chaos, la règle de base « si personne n'est lésé, fais ce que tu veux » est toujours valable.

J'arrive à un point dans ma pensée où je ne sais plus exactement quel était le but de tous ces mots les uns derrière les autres. En même temps, si j'ai choisi d'appeler ce livre « Pensée Lambda », c'est précisément pour y évoquer toutes les pensées qui m'accompagnent et coucher sur papier le dessin du prisme au travers duquel je perçois la réalité. C'est presque un journal de conscience. Ce prisme serait le dernier rempart entre l'Information Ultime et ma vie, même si j'aimerais qu'il soit aussi fin et translucide possible, il me protège. Un double vitrage entre la mort et moi, pourtant, je n'accepte pas que l'on y ajoute des rideaux de velours.

Bonne Heure

Je n'aime ni les rideaux, ni les gants de velours.
Mais la bienveillance est à la mode : il faut faire
attention à n'offenser personne, que ce soit le patron
des kamikazes ou les meufs torse-nues pas contentes.
Tout en *never giving up*, et rebondissant sur « tout ce
qui nous rend plus fort ». Le paradoxe de ces deux
tendances représente une époque tiraillée entre égo et
orgueil et je suis fatiguée. J'en ai marre des oscillations
entre réflexions profondes et remarques bien-pensantes
basses de plafond. Je trouve finalement que les choses
qualifiées de « bonnes » au sens du bien par opposition
au mal, sont presque plus insidieuses et parasitaires que
les choses dites mauvaises.

Par exemple, l'addiction à aider les autres se nourrit
du malheur de l'autre et l'entretient. Évidemment,
l'entraide est nécessaire, mais l'aide permanente est
une béquille sur une jambe qui aurait pu guérir, mais
s'affaiblit de ne pas être utilisée. Donne du poisson à
un homme, tu le nourris pour un jour, apprends-lui à
pêcher, tu le nourris pour la vie.

L'orgueilleuse pensée de se croire indispensable met
en danger ceux qui pourraient s'en sortir s'ils n'avaient
pas d'autre choix. Cela entretient une relation de co-

dépendance outre nocive, dangereuse si le moindre élément venait à perturber cet équilibre artificiel. Le danger de la co-dépendance s'étend du domaine de la relation amoureuse aux systèmes de prêts bancaires. Tu peux y apposer la situation que tu veux, c'est un modèle général, un des dommages collatéraux du règne de l'orgueil sur notre culture.

L'intention de bienveillance n'est pas une excuse pour se poser en sauveur, c'est de l'arnaque à la domination et c'est dégueulasse. Je trouve ça pire que la domination par la force, une perversion, un manque d'honnêteté envers soi en plus de l'atteinte à la dignité de la personne « aidée ». C'est utiliser la faiblesse de l'autre pour se sentir plus fort, un crime psychologique de mise en dépendance. Évidemment, le genre d'aide dont je parle n'a rien à voir avec porter le caddie d'une mémé au dos abîmé, ou l'aide sociale pour les jeunes en difficulté, justement. Il ne devrait exister que cette sorte d'aide : celle qui apporte de l'air à ceux sans ressources.

Bien sûr les réalités sont souvent plus complexes que leur premier abord ne laisse entrevoir, où est l'aidé, ou est l'aidant ? Qui sauve qui ? C'est une question ramenant à mon seul souvenir de cours de philo en Terminale où, ce prof à la peau gris-rose, aux cheveux bouclés roux-blancs et toujours vêtu de beige nous demandait à nous, puceaux de la Vie, qui du maître ou de l'esclave était dépendant de l'autre. Je devais avoir 16 ans et cette question me hante encore aujourd'hui. Est-ce que le maître est maître ou l'esclave le manipule-t-il à dépendre de ses services ?

Nous ne saurons jamais ce qui se trame chez les autres, en revanche nous nous devons de prendre conscience des équilibres que nous entretenons, savoir détecter nos fragilités, recouvrer le sens de l'Honneur pour ne plus se laisser embarquer d'un côté ou de l'autre de la dépendance, qu'elle soit à nos parents, nos amis, nos conjoints, nos assurances, nos découverts ou ce que l'on mange.

Il n'y a pas beaucoup de différence entre dépendance et addiction, ces deux nuances sont un mécanisme pour surmonter à un dérèglement neurologique. Comme toutes les perturbations, la raison est propre à chacun, l'issu de même. En revanche, le chemin menant de la raison à l'issue ne se parcourt qu'avec un seul outil : la conscience.

Laisse, j'vais faire

Il y a un autre outil que nous négligeons un peu trop à mon goût pour évoluer : la flemme. La non-envie, ne pas s'accrocher… . À ne pas confondre avec la peur de faire par manque de confiance en soi, même si ce sont toutes deux des formes d'auto-sabotage. Pourquoi s'inflige-t-on cela ? On s'inflige de niquer nos propres plans de toutes les manières possibles tout en accusant toutes sortes d'éléments fortuits à coup de « c'est la faute de truc si j'ai pas pu chose ». Quelle est la différence entre ne pas vouloir et ne pas pouvoir ?

L'adage « quand on veut, on peut » est aussi vrai qu'il n'est agaçant à attendre quand, précisément, on ne veut pas vraiment. Si on prenait le temps de spécifier, d'être clairs avec ce que l'on souhaite dans la vie, on pourrait accomplir autant de choses que l'on veut. C'est là que la flemme intervient : lorsque les choses ne se déroulent pas de manière fluide, c'est que je traîne des pieds, que ma flemme me pèse. La flemme, c'est le vide, le néant, l'antimatière de l'envie, le buisson qui t'empêche de sortir de ton chemin.

Le pouvoir magique de la flemme s'arrête lorsque l'on s'y accroche par peur et que l'on se laisse dépérir dans l'inaction. Ce genre d'attitude est souvent assortie d'un ramassis d'excuses bidons prouvant que nous avons plus réfléchi à ce qui nous empêche de faire qu'à comment réaliser notre truc à réaliser. Bien sûr, il y a plein de choses dont nous avons envie qui sont réalistement irréalisables, il faut savoir évaluer le rapport investissement-résultat et ne pas se faire chier quand ça ne vaut pas le coup. Dans tous les cas, c'est un choix dont nous sommes maître.

Choisir entre s'en tenir à « j'y arrive pas », ou bien persévérer, même si c'est outrageusement cliché, disons ce qui est : ça ne tient qu'à notre volonté. Le plus dur étant de savoir ce que l'on veut pour soi, « s'accrocher » pour « y arriver » n'est qu'une gymnastique mentale, presqu'un truc de sportif cérébral. Tellement, que les plus entraînés d'entre nous s'accrochent par habitude et se rendent compte très tard qu'ils se sont battus pour quelque chose dont ils n'ont plus, pas, peut-être jamais eus, envie. Et oui, on peut aussi avoir « trop » de volonté et les conséquences sont exactement les mêmes que pour ceux qui n'en ont pas assez. Si t'es pas droit dans tes bottes, tu pars forcément de travers.

Lorsque l'on s'éloigne de son propre chemin, notre esprit finit toujours par nous le signaler. Être « loin de soi » force le cerveau à mettre en veille nos talents pour utiliser d'autres « espaces neuronaux ». Cette redirection de l'énergie, finit par créer une tension :

l'inconfort de l'âme. Avec de la volonté, nous pouvons supporter cet inconfort, un certain temps... . Mais le cerveau est intelligent, et va outrepasser l'esprit pour nous rappeler que nous sommes loin de nous-même. Et ce sera moche. Mon conseil : écoutez votre cerveau.

Le cerveau est un organe de survie, son seul but est d'évaluer nos chances de survie au regard de nos expériences passées au fur et à mesure de ces expériences. Il nous parle via de petites notifications que nous ressentons dans notre corps et que nous avons pris l'habitude de traduire en concepts : les émotions. J'aborde ce sujet dès le deuxième chapitre de ce livre et j'entends remettre une couche dans celui-ci : notre cerveau est un décodeur de notre âme et les messages sont nos émotions.

Si nous prenons le temps de la réflexion, de ne pas lire ces messages en diagonale, notre expérience de vie s'en trouvera bien plus limpide et fluide. Aucune émotion n'est négative, la négativité n'existe pas, ce que nous prenons pour de la négativité est souvent de la peine, un manque de clarté ou d'énergie, quelque chose qui doit être guéri. La douleur et les maux ne vont pas disparaître, ils seront simplement élevés au rang « d'alerte inconfort ».

Interlude

J'ai longtemps hésité avant d'aborder le sujet du féminisme, mais il me brûle les touches de clavier. J'ai lu énormément d'articles et de livres, et en 2020, à 30 ans, je ne sais toujours pas si les femmes sont plus faibles physiquement que les hommes à la naissance ou si c'est une histoire de métabolisme, ou si c'est une histoire d'entraînement ou même de volonté. Non, vous n'avez pas la réponse non plus, vous trouverez, comme moi, tout et son contraire en matière d'études biaisées ou non. Je me suis fait mon propre avis évidemment, et si j'ai décidé d'écrire un livre, c'est pour l'étaler allègrement, et si ça ne vous plaît pas : fermez-le.

Selon moi, les premiers humains sont nés égaux et ont forgé un héritage génétique de par les postes qu'ils occupaient au sein des groupes/tribus/villages/etc. Ces postes ayant, heureusement, quelque peu évolué en 300 000 ans, il y a forcément quelques restes. Mais les tâches devenant de plus en plus unisexes au sein des ménages, nous retrouvons aujourd'hui la possibilité d'être égaux. Reste à faire évoluer les mentalités.

Mais attention, lorsque je parle de mentalités, j'inclus toutes les mentalités : celles des hommes ignorants qu'une femme ne demandant pas d'aide, n'en a pas besoin ; celles des femmes ne vivant que pour trouver un mari ; celles des gens qui demandent aux femmes si elles sont mariées avant de leur demander ce qu'elles font dans la vie ; celles des gens vous appelant madamEUH mademoiselle comme si c'était une insulte d'être vieille ; celles des magazines culpabilisant d'avoir un corps biologiquement normal et non-lisse et plat (mais avec des gros einS) comme une Barbie difforme ; celles des publicitaires montrant des femmes ultra artificiellement bonnes avec des hommes à bedaines mal rasés ; celles des féministes nous disant quoi faire avec notre corps tout en blâmant la société patriarcale de le faire ; celles du lobby des cosmétiques ; celles des violeurs ; celles des garçons ; celles des filles ; celles de leurs parents ; celles des livres ; celles des gens.

Il n'y a qu'une chose à retenir : la chasse aux sorcières est terminée. Il y avait plusieurs terrains d'action à pourvoir, nous nous les sommes répartis jadis, l'histoire s'est écrite, une nouvelle répartition plus unisexe doit se dessiner… À nous de le faire dans la pédagogie, le calme et la patience, sans vague d'orgueil ni de rancœur contre les choix du passé.

R.E.S.P.E.C.T.

Naïve et bien élevée comme j'étais enfant, je pensais que le respect était le comportement de base face à un autre être, quelqu'il soit, tant que cet être ne faisait rien pour augmenter ou baisser sa « note ». Comme si le respect était le point 0 et pouvait descendre à -10000 pour les connards ou $+\infty$ pour l'amour de notre vie. Aucun préjugé, aucune présupposition tant que la personne n'a pas présenté son dossier.

Puis, dès le plus jeune âge, à l'école, j'en ai pris plein la gueule pour pas un rond. J'ai subi racisme et sexisme de la part des professeurs, harcèlement moral, harcèlement sexuel, pour finir battue au lycée. J'ai rebondi, je me suis sortie de tout ça.

J'étais la bizut alors que mon respect était universel, celles et ceux qui me bizutaient n'avaient de respect que pour les principes limités de leurs connards de nazis de parents (j'ai dit que j'avais rebondi, pas que j'avais tout digéré). Où sont ces gens-là maintenant ? Qu'apportent-ils à l'humanité si ce n'est perpétuer des modèles obsolètes et dangereux d'éducation ? Pourquoi tant de haine ?

Attention, je ne cherche pas à invoquer votre pitié, je cherche à comprendre ce qui motive un enfant à devenir agressif et violent envers un inconnu pour des raisons dont il ignore lui-même l'origine ; je cherche à comprendre comment la réflexion si frêle d'un marmot peut se transformer en stratégie guerrière pour humilier un de ses pairs innocent. Naturellement, il n'est pas exclu que je sois simplement tombée sur une cuvée de pré-périmés-du-bulbe, tellement débiles que la raison ne saurait les saisir. Cela m'aura, en tout cas, permis de corriger l'adage un peu simplet à mon goût « ce qui ne tue pas rend plus fort » en « si tu survis, tu découvres ta force ».

Je ne peux m'empêcher d'associer ces comportements à mes réflexions sur la question de l'existence de complots à grandes échelles. On le sait, les complotistes nous sortent des théories toujours plus tordues et saupoudrées d'interprétations raccourcies, voire, sans fondements. On le sait aussi, les complots dénoncés nécessiteraient une rigueur du secret impossible à discipliner pour n'importe quel projet à grande échelle. Plus le nombre de personnes est grand, plus la confidentialité faibli rapidement.

Cependant, prenez un gang d'individus conditionnés à agir d'une certaine manière depuis toujours, de par leur éducation, et vous obtenez une population suffisamment nombreuse pour faire passer des idées ou concepts devenant des ambitions et se muant en vrais projets... Vous obtenez alors le groupe d'humains parfaits pour détruire les autres.

En fait, le problème des théories complotistes n'est pas tellement qu'elles ne sont pas viables pour être à grande-échelle, mais qu'elles ne prennent pas en compte la possible immensité de l'échelle. Mais je doute que quelque chose d'aussi complexe soit à l'œuvre parmi les humains, surtout à l'ère d'Internet où nous sommes au courant quasi instantanément de presque tout ce qui se passe sur la planète. Aussi, la plupart des humains sont trop cons, donc je ne leur accorderais pas tant de crédit...

Ne fermons pas pour autant les yeux sur le fait que nos libertés, aussi fondamentales soient-elles, sont en danger, particulièrement sur la Toile : lorsque Steve Jobs créa le Moi-Je-Smartphone pour en faire un doudou indispensable à notre survie mentale d'humains devenus capricieux par l'éducation capitaliste de notre ère, nous sommes tombés dans un piège dont nous ignorons si celui qui l'a tendu savait que c'en était un.

Nous avons pris l'habitude de nous authentifier volontairement, de partager nos données consciemment, d'être visibles, d'être géolocalisés, d'être branchés au réseau et de mal vivre la déconnexion. Le plus dur n'est pas tellement pour les

« grands méchants dictateurs » de nous voir, mais de faire semblant de ne pas nous regarder.

Un grand guerrier ?
Personne par la guerre
ne devient grand

La méchanceté, qu'elle vienne d'un dictateur ou d'un camarade de classe, qu'elle prenne la forme d'un génocide ou d'un coup de pied surprise dans les côtes à la cours de récré ; ce n'est « qu'un » abus de puissance : la dualité humaine entre libre ou asservi se prononce à travers nos actes et l'échelle des conséquences se dessine selon notre ambition. Cette même ambition se dessine dans la grandeur de l'égo ou les obscures profondeurs de l'orgueil.

Que les choses soient claires, cette dualité ne se simplifie pas en « gentil = libre » et « méchant = asservi » ou l'inverse. L'acte de gentillesse n'est pas mieux que l'acte de méchanceté s'il est accompli par souci de paraître bon. Nous ne sommes libres que quand nous agissons sans que personne ne soit lésé, bien au delà du gentil, du méchant et de Bioman Force Jaune-Devant-Marron-Derrière.

On pourrait par exemple s'aventurer à dénoncer le statut du Pape lui-même, censé représenter l'Homme Bon par excellence, mais un homme à la tête du gouvernement dit « le plus riche du monde » tout en prônant des valeurs de sobriété et de chasteté est épuisant d'incohérence. Ce reproche est un cliché des paradoxes avec lesquels nous nous sommes habitués à cohabiter, mais l'Or ne s'emporte pas au Paradis. Pourquoi rien ne change ? Les apparats persistent encore et toujours comme des chaînes autour des poignets d'esclaves.

Peut-être y a-t-il une beauté que je n'arrive pas à saisir dans cette addiction au pouvoir, pourtant, je ne peux m'empêcher de recevoir des visions de chutes violemment douloureuses lorsque je vois quelqu'un solidement accroché à ses chaînes. Je suis trop basse pour que les enchaînés m'entendent lorsque je les alerte et l'orgueil rend sourd de toute façon. Lorsqu'ils tombent, c'est trop tard. Et je n'ai pas que ça à faire de tenter d'aider ceux-là.

Pour revenir au Pape, qu'est-ce qui l'empêche de revendre tout son or et toutes ses babioles pour acheter des vivres aux plus démunis jusqu'à ce qu'il ne reste plus de babiole… Il n'aura pas aidé tout le monde, mais il aura accompli suffisamment pour montrer un exemple que beaucoup aimeront peut-être suivre. Combien de Pape vont se succéder avec le pouvoir de faire plus que n'importe lequel de ses prédécesseurs, mais vont choisir de garder leur statut de statue ? Quelle solution lèse le plus ? La religion en perdrait-elle tant si elle n'était plus si attachée au spectaculairement brillantissimement scintillant ?

Même forfait pour toutes les religions à grande hiérarchie et les gouvernements à grosses limousines. Même si tout travail mérite salaire, tout ce qui est au service de l'humain, sans être organiquement indispensable à nos vies, devrait évoluer dans la sobriété du strictement nécessaire ; et même si le confort n'est pas un luxe, les babioles le sont.

Je ne serai que la millionième personne à le rappeler, tous les métiers essentiels : ceux qui nous nourrissent, nous soignent, entretiennent nos espaces communs, réparent et construisent nos outils, maintiennent notre sécurité et nous enseignent, donc, tout ce qui remplace nos parents lorsque nous ne sommes plus des enfants, sont indispensables et prioritaires en matière de rémunération. En revanche, il ne devrait pas exister de notion d'avantage, seulement de priorité d'*essentialité*.

Les avantages sont, comme les soldes, une aberration destinée à pigeonner ceux qui en bénéficient au détriment d'autre chose ou de quelqu'un d'autre. Il y a des inconvénients et des avantages naturels à tout, et cela devrait suffire au choix de chacun, en tout temps. Même s'il est généralement déconseillé de faire des généralités, je pense que généraliser le régime à un système essentiel, commun et centralisé est le seul moyen d'être réellement juste pour tout et tout le monde. Le seul moyen de n'aider que ceux qui en ont réellement besoin, est que tout le monde parte d'un même pied d'égalité.

Mais soyons réalistes, c'est une utopie, il faudrait repartir de zéro sur l'ensemble de la planète pour qu'une telle révolution se profile, seule une comète XXL a le pouvoir de défoncer cet enchevêtrement en bordel de religions, gouvernements, cultures, et autres mouvements, sans parler de la couche d'opinions personnelles sous-jacentes de chacun. Tu serais *ready* toi à accepter d'avoir, disons, un an pour te préparer à tout changer et que ce soit comme ça pour tout le monde sans discuter ? Un virus peut nous confiner parce que nous avons peur de mourir, mais rien ni personne n'a assez de pouvoir pour remettre les compteurs à zéro, même dans la plus altruiste des intentions. C'est dommage, mais c'est comme ça, il aurait fallu y penser il y a 300 000 ans.

Qui sait ?

Vous n'êtes pas sans savoir que nous ne savons pas pourquoi nous sommes là, si tant est qu'il y ait une raison à la portée de notre savoir. L'humanité nous semble composée d'une petite dizaine de milliards d'individus indépendants. Mais si l'humanité elle-même évoluait aussi comme un organisme ?

Alors que je faisais une pause pour manger un bout de gâteau au chocolat et ouvrais automatiquement les Internets parce que… bah parce que ; il s'avère que des scientifiques de la NASA auraient détecté des traces d'un Univers parallèle dans lequel tout serait inversé, même le temps. Je n'ai pas encore compris pourquoi ma réaction à la vue de ces gros titres était de m'écrier « parfait » mais bon, passons.

Pourquoi les journalistes, les scientifiques, les gens, pensent qu'un Univers Parallèle est forcément une autre version de notre propre Univers ? Ok, cet univers tourne dans le sens inverse du nôtre pour les paramètres que nous réussissons à détecter, ça ne veut absolument pas dire qu'il s'agit d'une réalité alternative à celle que nous connaissons. Si nous arrêtions de fuir cette réalité, nous serions peut-être moins sujets au vertige qu'engendre la pensée d'un chaos total et pourtant si beau, car chaque minute, chaque seconde que nous vivons ne sera jamais reproduite, ni dans cet Univers, ni dans les autres. Je trouve que les interprétations auto-centrées viennent gâcher l'ambiance excitante des découvertes sur la magie du Cosmos, elles viennent voler la vedette et limiter le champ des possibles.

Et si les scientifiques n'étaient pas tout simplement tombé sur un carrefour temporel, un de ces « espaces » dans lequel la réalité est fixe, ceux grâce auxquels on peut communiquer avec ses mois futurs et passés ? Ils ont détecté un croisement allant pile dans l'autre sens, détecteront-ils un jour un croisement où tout est décalé ? Ou exponentiellement différent ? Ou exactement pareil, mais ailleurs ? L'Univers est aussi vaste que sa réalité est insaisissable.

Métathèse

J'écris ce livre dans un souci d'exemplarité de liberté de penser. Il ne s'agit pas d'être d'accord avec moi sur le fond, mais de voir cela comme un mode d'emploi, à la fois de déconstruction de nos croyances et de choix de penser. Le doute est la clef de bien des réponses à des questions quand on ose les poser.

S'il fallait s'abonner à une newsletter, c'est celle de notre cerveau. Nos émotions, notre corps, notre cœur, nos impressions et intuitions, nos déjà-vus, ce qui nous attire et nous révulse, tout cela nous constitue. Amiral, vous disposez de votre navire comme bon vous semble.

Le seul moyen de gagner du temps, c'est de prendre le temps. Ce n'est pas être humble que d'avoir conscience de la proportion infime que représente chacune de nos vies dans l'Univers, c'est simplement savoir.

L'Univers a son propre langage, même si nous avons apposé un sens à ce que nous avons l'impression d'en comprendre, restons digne de sa grandeur en admettant qu'il reste plus majestueux que nous ne pourrons jamais saisir, et pourtant, il est en nous et nous sommes souvent bien plus majestueux que nous ne saisissons.

Merci à toi d'avoir lu ces lignes.